AF454820

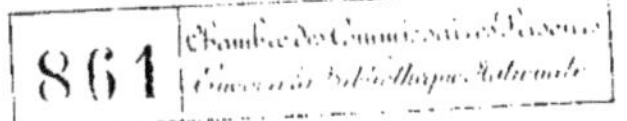

1896. Décembre. 28

VENTE
Du Lundi 28 Décembre 1896
HOTEL DROUOT, SALLE N° 11
A DEUX HEURES UN QUART

BEAU MOBILIER

d'époques et de styles

RENAISSANCE & XVIIIe SIÈCLE

OBJETS D'ART

MARBRES, BRONZES, TABLEAUX

ANCIENNES PORCELAINES DE SÈVRES

ARGENTERIE

Précieux manuscrits du XVIe siècle

MAGNIFIQUES VELOURS DE GÊNES

Me F. ALBINET
Commissaire-Priseur
51, Rue de Maubeuge, 51

M. A. BLOCHE
Expert près la Cour d'Appel
28, Rue de Châteaudun, 28

EXPOSITION PUBLIQUE
Le Dimanche 27 Décembre 1896
DE 2 HEURES A 6 HEURES

IMPRIMERIE ARTISTIQUE

E. MÉNARD & Cie

Bureaux et Ateliers : Paris — 8, Rue Milton

CATALOGUE

D'UN

BEAU MOBILIER

DE

Style XVIIIe Siècle

Ameublements de salons, Consoles, Vitrines, Sièges divers, Guéridons, Glaces
Bonheur du jour, Bureaux, Trumeaux, Tables, Secrétaires

DEUX BEAUX MEUBLES EN BOIS SCULPTÉ ÉPOQUE DE LA RENAISSANCE

TRÈS BELLE CHAMBRE A COUCHER STYLE LOUIS XV

OBJETS D'ART

Marbres, Bronzes de Barbedienne, Étains

ANCIENNES PORCELAINES DE SÈVRES, SAXE, CHINE & JAPON

Armes orientales, Boîte à musique, Stéréoscope

ARGENTERIE ANCIENNE

Objets de vitrine et de curiosité, Beau volant en point à l'aiguille
Miniatures, Tableaux, Dessins, Gravures

TABLEAUX

TRÈS BELLE DÉCORATION EN ANCIEN VELOURS DE GÊNES

Tapis d'Orient, Peaux de Panthères et d'Ours

DONT LA VENTE AURA LIEU

HOTEL DROUOT, SALLE N° 11

Le Lundi 28 Décembre 1896, à 2 heures 1/4

(Et à 8 heures 1/2 du soir s'il y a lieu)

PAR LE MINISTÈRE DE

Me F. ALBINET

Commissaire-Priseur

51, Rue de Maubeuge, 51

ASSISTÉ DE

M. A. BLOCHE

Expert près la Cour d'Appel

28, Rue de Châteaudun, 28

EXPOSITION PUBLIQUE

Le Dimanche 27 Décembre 1896

De 2 heures à 5 heures 1/2

CONDITIONS DE LA VENTE

Elle se fera au comptant.

Les acquéreurs paieront CINQ POUR CENT en sus des enchères.

L'exposition mettant le public à même de se rendre compte de l'état des objets, il ne sera admis aucune réclamation une fois l'adjudication prononcée.

Paris. — Imp. E. Ménard & Cie, 8, rue Milton.

DÉSIGNATION

Meubles

1 — Très beau meuble à deux corps en bois sculpté orné de cariatides de guerriers, ouvrant à quatre portes, celles du haut ornées de bas-reliefs représentant des scènes de l'histoire de Judith celles du bas ornées de têtes de femmes drapées au milieu d'ornements, tiroirs à mufles de lion, frise à tête de chérubin, au milieu d'attributs guerriers, fronton à niche avec guerriers accostés de deux cariatides de chimères. XVIe siècle. École Lyonnaise.

2 — Beau meuble-crédence en bois sculpté flanqué de statuettes de femmes, ouvrant à deux portes ornées de mufle de lions, frise du haut à têtes d'hommes, bandeaux à arabesques, pieds à balustres. Époque Henri II.

3 — Beau meuble de salon de style Louis XV en bois sculpté rechampi de blanc, dessins à rocailles fleuronnées, couvert en velours de Gènes bouton d'or, dessin ton sur ton, composé d'un canapé, deux bergères à oreillons et deux chaises.

4 — Deux consoles en bois sculpté et rechampi de blanc, dessus en marbre vert de mer. Style Louis XVI.

5 — Vitrine en bois de rose, garnie de bronzes. Style Louis XV.

6 — Guéridon acajou sculpté rehaussé d'or. Style Louis XV.

7 — Table à thé en bois peint blanc. Style Louis XVI.

8 — Bahut en bois sculpté et peint blanc, garni de bronzes dorés. Style Lous XVI. Travail de la maison Grohé.

9 — Crédence en bois sculpté et peint blanc. Style Renaissance.

10 — Deux chaises en bois sculpté. Style Louis XIII.

11 — Deux chaises en bois couvertes de cuir de Cordoue.

12 — Banquette en bois sculpté à figures et arabesques. Époque Renaissance.

13 — Bonheur du jour en acajou avec panneau en verni Martin sur fond d'or. Style Louis XVI.

14 — Guéridon en certosine.

15 — Fauteuil tournant en bois sculpté et peint blanc avec coussin en brocatelle. Style Louis XVI.

16 — Meuble d'applique en bois sculpté peint blanc. Style Louis XVI.

17 — Stéréoscope en acajou avec ses vues photographiques.

18 — Petit fauteuil Ier Empire en acajou garni de bronzes dorés, couvert de satin vert.

19 — Petit fauteuil Empire forme dite gondole en acajou orné de bronzes dorés, dessus en soierie ancienne.

20 — Petite table à dessiner Louis XVI en bois de rose.

21 — Bureau-chiffonnier en acajou et bronzes dorés. Époque Ier Empire.

22 — Secrétaire-chiffonnier Louis XVI en acajou, dessus en marbre et galerie à draperie.

23 — Petite table Louis XV en bois de rose marqueté, dessin à bouquet de fleurs.

24 — Écran formant bureau à pupitre Louis XVI en acajou.

25 — Fauteuil dit à jarretière, en bois sculpté et doré, style Louis XVI, garni d'ancien damas rouge.

[illegible] — Saut-de-lit en bois finement sculpté et doré, couvert en soierie ancienne. Style Louis XVI.

27 — Petit bout de pied en bois peint gris, garni d'ancien damas vert.

28 — Bureau Louis XV en bois de rose, forme commode avec casier à porte brisée:

29 — Joli soufflet époque Louis XVI, en acajou orné de bronzes ciselés et dorés.

30 — Grande chaise Louis XV en bois doré, garnie d'ancien damas rouge.

31 — Chaise basse en bois finement sculpté et peint vert, foncée de canne dorée.

32 — Petit fauteuil en bois richement sculpté et doré, couvert de soierie. Époque Louis XV.

33 — Très jolie console avec son trumeau en bois finement sculpté, dessin à guirlandes de fleurs. Époque Louis XVI.

34 — Commode en marqueterie hollandaise. Époque Louis XV.

35 — Deux bois de bergères. Époque Louis XVI.

36 — Fauteuil en bois sculpté et doré. Époque Louis XVI.

37 — Vierge en bois sculpté de la Renaissance.

38 — Statuette de saint, en bois sculpté. XVIIe siècle.

39 — Figurine d'amour en bois sculpté. XVIIe siècle.

40 — Quatre fauteuils Louis XIV, couverts en tapisserie au petit point.

41 — Petit canapé en bois sculpté et peint gris. Époque Louis XV.

42 — Cadre en bois sculpté et doré. Époque Louis XIV.

43 — Petit meuble en acajou. Ier Empire.

44 — Deux fauteuils en acajou. Ier Empire.

45 — Console et son trumeau en bois sculpté. Époque Louis XVI.

46 — Jolie glace avec cadre en bois sculpté et doré. Epoque Louis XIV.

47 — Glace avec cadre doré. Époque Louis XIV.

48 — Trumeau en bois peint blanc à rehauts d'or, orné d'une peinture de l'école française. Époque Louis XVI.

49 — Glace avec cadre en bambou.

50 — Petit fauteuil en bois sculpté et doré. Époque Louis XIV.

51 — Horloge ancienne en bois sculpté.

52 — Jolie console en acajou et filets de cuivre. Époque Louis XVI.

53 — Table de salon en bois noir et marqueterie de cuivre, garnie de bronzes à cariatides. Style Louis XIV.

54 — Ameublement de salon en bois sculpté et doré, couvert en soierie crème brochée à feuillages et fleurs, composé d'un canapé, deux fauteuils et quatre chaises. Style Louis XVI.

55 — Très bel ameublement de chambre à coucher en noyer finement sculpté, style Louis XV, à rocailles fleuronnées, composé d'un lit de milieu, une grande armoire à glaces à trois portes et une table de nuit.

56 — Lit en acajou avec son sommier.

57 — Table de milieu en acajou.

57 bis — Quatre chaises en acajou couvertes de reps grenat.

Objets d'Art

58 — Grand et beau buste en bronze patine claire, représentant *La Bianca Capello*, de A. Marcello. Édition de Barbedienne.

59 — Statuette en marbre : Hercule enfant étouffant le Serpent. XVIIe siècle.

60 — Paire de belles lampes formées de vases en ancien émail cloisonné de Chine, fond bleu turquoise à volatiles, monture en bronze fumé dans le goût chinois.

61 — Statuette en marbre : Le Bouquet, d'après Giromella.

62 — Buste en marbre : La Surprise, d'après Houdon.

63 — Suspension formée par un couvercle de potiche et quatre bols en ancienne porcelaine du Japon, à personnages, décor polychrome.

64 — Devant de feu à cariatides en bronze.

65 — Deux potiches en ancienne porcelaine du Japon, décor polychrome.

66 — Buste de jeune fille en marbre de Borchy.

67 — Quatre appliques en bronze ciselé et doré à branchages, modèle de Caffieri. Style Louis XV.

68 — Cache-pot en porcelaine de Chine, décor en bleu sur blanc.

69 — Jolie écuelle avec son plateau en étain ciselé, décor à rocailles fleuronnées. Style Louis XV.

70 — Belle jardinière en étain ciselé, décor à rocailles. Style XVIIIe siècle.

71 — Bonbonnière pouvant former jardinière en étain. Style Louis XV.

72 — Plat en étain ciselé, bords à rocailles offrant en relief une allégorie à la Fortune.

73 — Deux saucières en étain, anses à mascarons.

74-76 — Neuf poignards persans avec poignées en fer damasquiné d'argent (seront divisés).

77-78 — Six sabres de la Perse, avec poignées en fer incrusté d'argent

79 — Trois porte-bouquets en métal gravé et argenté. Travail de l'Inde.

80 — Quatre timbales en métal gravé et argenté à ornements. Travail indien.

81 — Monument en miniature représentant la mosquée d'Agra en albâtre sculpté.

82 — Huit cannes en bois des Iles et d'Orient.

83 — Plat en bronze à portrait de femme. Signé Obiolo.

84 — Service de toilette et de brosses en écaille rose, dans un écrin en peluche rouge.

85 — Boîte à musique jouant huit airs.

86-87 — Deux épées en fer à longue lame. Époque XVIIe siècle.

88 — Corbeille en métal anglais argenté, intérieur doré.

89 — Corbeille à pain en métal argenté.

90 — Statuette en bronze représentant Pénélope assise.

91 — Statuette en bronze : la Faucheuse, d'après Houdon. Édition de Barbedienne.

92 — Statuette en bronze : Andromède attachée au rocher. Signé Bécat.

Argenterie, Objets de Vitrine

ANCIENNES PORCELAINES DE SÈVRES

93 — Joli pot à eau et sa cuvette en argent vieux Paris. Époque Louis XIV.

94 — Écuelle avec son plateau en argent ciselé, bordure à rocailles. Époque Louis XV.

95 — Sucrier de forme oblongue en argent repoussé à guirlandes et perlés. Époque Louis XVI.

96 — Sucrier en argent ciselé à guirlandes de laurier. Époque Louis XVI.

97 — Moutardier en argent cotelé, bordures feuilles de choux. Époque Louis XV.

98 — Petite cafetière en argent uni et feuilles de laurier. Époque Louis XVI.

99 — Sonnette en argent guilloché.

99 *bis*. — Encrier en cristal avec monture en argent.

100 — Agrafe de manteau en argent ajouré.

101 — Petit nécessaire en galuchat vert et agate, monture et garniture en or. Époque Louis XV.

102 — Miniature : Portrait d'Henri V enfant. Cadre doré.

103 — Petit flacon en or.

104 — Bonbonnière en thuya, couvercle avec miniature : Portrait de la Reine Hortense, cerclée d'or.

105 — Bonbonnière en ivoire cerclée d'or avec miniature : Corbeille de fleurs.

106 — Jolie écuelle en ancienne porcelaine de Sèvres, pâte tendre, décor à bouquets de fleurs.

107 — Sucrier avec son couvercle et son plateau en ancienne porcelaine de Sèvres pâte tendre, décor à bouquets de fleurs.

108 — Petit pot à crême en ancienne porcelaine de Sèvres, décor à fleurs.

109 — Tasse et sa soucoupe en ancienne porcelaine pâte tendre, décor en camaïeu rose à bouquets de fleurs.

110 — Soucoupe en vieux Sèvres à bouquets de fleurs, bordure à feuilles de choux en gros bleu.

111 — Deux petits pots à crême en vieux Saxe.

112 — Petite tasse et sa soucoupe en vieux Saxe.

113 — Petit bol en ancienne porcelaine de Chine, famille rose.

114 — Deux sabots faïence polychrome.

115 — Deux lions en vieux Nevers, décor en bleu.

116 — Deux autres, décor en jaune.

117 — Nécessaire de poche en or émaillé noir et blanc.

118 — Bracelet en or souple avec applique forme boucle garnie de brillants.

119 — Grand et magnifique volant point à l'aiguille, dessin à ramages, bouquets et rinceaux. Longueur 10 mètres ; hauteur 60 centimètres.

120 — Jolie boîte ovale en or ciselé et guilloché, du temps de Louis XVI.

121 — Lot de dentelles en point d'Alençon et de Chantilly. (Sera divisé).

122 — Boîte à poudre en ivoire ornée d'une miniature : Portrait de femme Louis XV.

123 — Bonbonnière en ivoire ornée d'une miniature : Portrait de femme Empire.

124 — Trois éventails anciens.

125 — Deux petites terres cuites : Bacchant et Bacchante.

126 — Plat en faïence hispano-mauresque.

127 — Deux surtout de table en porcelaine blanche à décor d'or. Ier Empire

128 — Deux vases en porcelaine blanche à rehauts d'or. Ier Empire.

129 — Service composé d'un plateau, un sucrier, une théière et un pot à crême en porcelaine décorée de la Restauration.

130 — Douze verres en cristal de Bohême.

131 — Sucrier en cristal monture en métal argentée Ier Empire.

132 — Deux statuettes en porcelaine de Jacob Petit.

133 — Écuelle et son plateau en étain.

134 — Huit pots à crême en porcelaine blanche.

135 — Grande et belle miniature ovale sur ivoire, époque Louis XV : Alexandrine de Bourbon en costume rose avec manteau fleurdelysé, sur fond peluche grenat.

136 — Grande miniature ovale sur ivoire : Madame Louise de France, fille de Louis XV, tenant une corbeille de fleurs.

137 — Grande miniature ronde sur ivoire : Jeune fille jouant de la harpe dans un jardin. Époque de la Révolution. Cadre noir.

138 — Miniature : Sujet époque Directoire, scène galante. Cadre bronze.

139 — Miniature : Grande dame Louis XVI. Cadre ovale.

140 — Miniature : Dame époque Louis XV. Cadre ovale.

141 — Miniature : Portrait de femme du Ier Empire.

142 — Miniature : Portrait de femme Louis XVI.

143 — Miniature : Napoléon Ier.

144 — Miniature : Sujet du Ier Empire.

145 — Bonbonnière ornée d'une miniature.

146 — Trois plats en étain à bords contournés.

147 — Huit gravures du Ier Empire.

148 — Petit tableau Louis XV.

149 — Deux chandeliers Louis XVI.

150 — Jardinière argentée.

151 — Sucrier en étain Louis XVI.

152 — Émail Renaissance allemand.

153 — Petit encrier Louis XV en bois de rose garni de bronzes dorés.

154 — Boîte contenant deux pistolets de combat, avec les accessoires.

155 — Précieux Manuscrit français du XVIe siècle enrichi de cinq cent soixante et onze miniatures dont quinze de la grandeur des pages, de vignettes et de majuscules en peinture et rehaussés d'or. École de Jean Fouquet. Reliure en cuir rouge doré au petit fer de Derome.

156 — Beau Manuscrit du XVIe siècle enrichi de riches vignettes, majuscules et légendes et de douze superbes miniatures. Reliure postérieure en velours

Tentures, Tapis

157 — Très belle décoration de croisées et de portes en ancien velours de Gênes, décor à branchages en rouge sur fond jaune d'or, montée sur velours rouge et composée de pentes et bandeaux mesurant environ 43 mètres, garnie de franges et passementeries assorties. Époque XVIIe siècle.

158 — Portière en soierie blanche, richement brodé.

159 — Deux portières en tapisserie d'Aubusson, décor à feuillages, fleurs et rinceaux.

160 — Portière de Karamanie.

161 — Peau d'ours noir.

162-165 — Douze peaux de panthères du Bengale.

166 — Peau de serpent.

167 — Deux peaux de loutre.

168-169 — Deux grandes carpettes anciennes d'Orient.

TABLEAUX

170 — CHAPUIS. Ferme.

171 — CHARLET. Charge de cuirassiers.

172 — DEBUCOURT. Le Matin, la Nuit, le Midi et le Soir. Quatre gravures en couleur.

173 — G. de C. (1829). Singe jouant avec des coquillages.

174 — GAUTIER (T.). Nature morte.

175 — GELIBERT. Chiens. Aquarelle.

176 — HERMANT (Léo). Poules et coq.

177 — HOLBEIN (Attribué à). Portrait de femme coiffée d'un bonnet.

178 — JACQUE (Ch.). Bergère gardant un troupeau de moutons. Fusain.

179 — LATOUR. Buste de fillette en costume de bal. Pastel.

180 — LECOQ. Paysage.

181 — MASSON (P.). Les Causeuses.

181 *bis* — MASSON (P.). Déesse et Amour.

182 — MURAZAN. Enfants jouant avec des chiens.

183 — MURILLO (D'après). Tête d'ange.

184 — DE NITTIS. Paysage.

185 — ÉCOLE ANCIENNE. Portrait de saint russe. Cadre en chêne sculpté.

186 — ÉCOLE FRANÇAISE. Nature morte. Gibiers.

187 — ÉCOLE FRANÇAISE. Deux dessus de portes.

188 — ÉCOLE FRANÇAISE. Portrait de femme.

189 — ÉCOLE FRANÇAISE. L'Abreuvoir.

190 — ÉCOLE FLAMANDE. La Toilette de Vénus. Panneau décoratif.

191 — ÉCOLE ITALIENNE. Scène de l'histoire romaine.

192 — ÉCOLE ITALIENNE. Sujet mythologique.

193 — Gravure ancienne encadrée représentant le Triomphe de la Sybille à Tivoli.

194 — Tableaux et objets omis.

www.ingramcontent.com/pod-product-compliance
Ingram Content Group UK Ltd.
Pitfield, Milton Keynes, MK11 3LW, UK
UKHW021045260726
13994UKWH00005B/2356

9 782329 512754